AF259905

LA RENOMMÉE.

FASTES PARLEMENTAIRES ET DIPLOMATIQUES.

Notice biographique

SUR

M. LE BARON LE LORGNE D'IDEVILLE,

Député de l'Allier, Maître des Requêtes.

PARIS.

Aux Bureaux de LA RENOMMÉE,

RUE NOTRE-DAME-DES-VICTOIRES, 14,

MARS 1845.

Imp. de A.-T. BRETON et Cie, r. Montmartre, 131.

M. LE BARON LELORGNE D'IDEVILLE,

NÉ A PARIS,

DÉPUTÉ DE L'ALLIER, MAITRE DES REQUÊTES.

M. LE BARON LE LORGNE D'IDEVILLE,

NÉ A PARIS,

DÉPUTÉ DE L'ALLIER, MAITRE DES REQUÊTES.

Parmi les hommes zélés, assidus et modestes qui recherchent au sein des commissions et des comités de la chambre et du conseil d'état des occasions, sinon brillantes, au moins sérieuses, de servir leur pays, nous devons placer l'honorable fonctionnaire (1) dont nous allons retracer les longs, utiles et consciencieux travaux.

(1) Nous avons été aidés, pour la rédaction de cette notice, par un officier général qui a fait partie du grand quartier général impérial, et par d'autres personnes attachées à la maison de l'empereur. Nous avons puisé aussi quelques renseignements de détail dans l'*Exposé justificatif* que M. d'Ideville a fait remettre en 1815 aux ministres du roi et à plusieurs de ses amis alors membres des chambres.

1843

M. Le Lorgne d'Ideville était encore jeune quand il fut attaché au secrétariat des consuls, au retour d'une mission à Cayenne où il avait été, en qualité de secrétaire particulier de l'agent du Directoire, gouverneur de la Guyane française. Le général Bonaparte, qui se connaissait en hommes et devinait souvent leur capacité et leur spécialité, l'envoya en Allemagne, en Danemark, en Suède et en Russie, comme attaché aux légations de la République pour s'y familiariser avec l'étude des langues du nord et apprendre à connaître les pays et les hommes. Le jeune d'Ideville se lança dans ces études avec cet enthousiasme et cette ardeur qui font qu'à vingt ans on peut tout entreprendre sans témérité. Il passa à Dresde et à Leipsick quelques années, les plus belles de sa vie à coup sûr, au milieu des plus charmantes distractions de l'esprit, des plus douces jouissances du cœur pendant la magnifique période littéraire sur laquelle Gœthe, Wieland et Schiller jetaient alors un éclat immortel.

Placé, au retour de ses voyages, à la secrétairerie d'état, il suivit dans les différentes campagnes M. le duc de Bassano qui l'affectionnait particulièrement, et fut désigné pour accompagner à Saint-Pétersbourg l'ambassade extraordinaire que l'on y envoya après la paix de Tilsitt. Les devoirs du service, pendant cette mission du plus haut intérêt politique, l'appelèrent fréquemment près de l'empereur Alexandre, *ce nouvel ami* si dévoué de Napoléon. Il s'acquitta, comme on pouvait le désirer, des messages dont il fut chargé, puisque le témoignage qui fut rendu de sa conduite et de son zèle le fit nommer auditeur au conseil d'état.

En 1811, il fut attaché, par décret impérial, au ministère des relations extérieures. M. le duc de Cadore le chargea d'organiser et de diriger un bureau spécial, dont le travail intéressait vivement l'empereur. Il s'agissait d'extraire de toutes les dépêches diplomatiques ce qui avait particulièrement trait à la situation des armées étrangères et d'en présenter le résumé chaque mois avec un rapport très détaillé sur les différentes circonstances touchant la composition et le mouvement de ces armées, qui pouvaient mériter une attention principale et conduire à certaines inductions politiques. M. Le Lorgne d'Ideville avait beaucoup voyagé, comme on l'a vu. Il avait demeuré, occupant une position sociale distinguée , dans les principales résidences de l'Europe. Il en avait rapporté la connaissance de la langue, des localités et des personnes ; et ces avantages, mis en pratique par un esprit sagace, le rendaient plus propre qu'un autre à bien remplir la nouvelle et importante mission qui lui était confiée. En effet, il y réussit, et ce succès, en le plaçant favorablement dans l'esprit de l'empereur, détermina certainement la faveur qui le fixa plus tard près de la personne de Napoléon, qui aimait à choisir lui-même son monde.

Au printemps de 1812, lorsque l'empereur dicta la liste des différents employés supérieurs du ministère des relations extérieures qui devaient faire partie de la grande expédition qu'il préparait, le nom de l'auditeur d'Ideville fut indiqué et le ministre lui donna ordre de se rendre à Dresde avec son bureau. Il suivit la marche de l'armée. Le duc de Bassano eut ordre de rester à Wilna avec les employés de son ministère. Un seul fut excepté : M. d'Ideville devait rejoindre immédiatement le quartier impérial. A Witepsk, l'empereur l'attacha à son cabinet en qualité de secrétaire-interprète. Son service était de ne pas quitter la personne de Napoléon, et de se tenir à ses côtés dans les marches et sur le champ de bataille, et, pour cela, un cheval des écuries de l'empereur était constamment à sa disposition. Cette campagne de Russie donna à M. d'Ideville de fréquentes occasions d'être très utile. Il avait, dix ans avant, parcouru les mêmes lieux comme voyageur cherchant à s'instruire, et y avait réussi. Il parlait et écrivait le russe. Tous les prisonniers lui étaient amenés ; toutes les lettres

interceptées ou trouvées sur les champs de bataille
lui étaient remises. Il rendait compte de tout à
l'empereur chez qui, il avait le privilége d'entrer à
toute heure du jour et de la nuit, sous sa tente ou
dans sa chambre. Il lui arriva souvent de retrouver
parmi les prisonniers des officiers qu'il avait con-
nus. Beaucoup ont reçu de lui les services person-
nels que leur position demandait ; et, depuis le
paysan jusqu'à l'administrateur, depuis le soldat
jusqu'à l'officier général, bien des malheureux de
toutes les classes lui ont eu, à cette époque, des
obligations qui ont dû lui faire bien des amis....
s'il n'a pas fait bien des ingrats. Le jour de l'entrée
à Moscou, le bel établissement des enfants trouvés
était menacé d'incendie , ce fut M. d'Ideville qui
provoqua l'attention bienveillante de l'empereur
sur ces infortunés. Le major-général reçut immédiatement l'ordre d'envoyer une sauve-garde, et le
secrétaire-interprète conduisit lui-même le peloton
de cavalerie à travers les rues et les quais où tom-
baient déjà des décombres embrasés. Le gouverneur de l'établissement, le général Toutelmine, sut
tous ces détails et les écrivit à l'impératrice Marie,
mère de l'empereur, protectrice de la maison des
enfans trouvés.... ce qui n'empêcha pas que plus
tard , comme nous le verrons , M. d'Ideville eut
à se plaindre d'une arrestation brutale et inique

de la part des Russes au jour de l'occupation.

Les trois campagnes de 1812, 1813, 1814 valurent à M. d'Ideville le titre de baron, la croix de la Réunion, celle de la Légion-d'Honneur et le rang de maître des requêtes. M. d'Ideville pouvait dès lors ambitionner les postes les plus éminents. Il cherchait par les efforts de son zèle, par de nouveaux travaux et de sérieuses études, à se rendre de plus en plus digne de la confiance du souverain et de l'avenir qui lui semblait réservé , lorsque la chute de l'empereur arrêta une carrière si brillamment commencée.

Il était à Fontainebleau, au mois d'avril 1814, et faisait partie du très petit nombre des fidèles serviteurs qui entouraient l'empereur au moment où il fit ses adieux à sa garde.

De retour à Paris, il se présenta pour reprendre la direction du bureau qu'il n'avait pas cessé de conserver au ministère des relations extérieures. Le croirait-on ! on lui allégua le retard qu'il avait mis à se rendre à Paris ; on lui fit un reproche d'être resté à son poste près de l'empereur, on le punit de sa fidélité au malheur.... Il eut ordre du prince de Bénévent de remettre aux archives du ministère les papiers, cartes, plans, livres, etc., qui appartenaient au bureau de statistique.

Une nouvelle injustice lui était réservée.

Quoiqu'il eût été présenté au roi, le 25 juin, comme maître des requêtes, il ne fut pas compris dans la liste des membres du nouveau conseil d'état.

Ainsi, un gouvernement qui se disait juste et libéral récompensait par une double et brutale destitution le zèle d'un loyal fonctionnaire. Parce que M. d'Ideville avait consacré ses services à l'empereur, parce qu'il n'avait pas aidé à sa chute, parce qu'il n'insultait pas, comme tant d'autres, le grand homme tombé, on l'évinçait du ministère et du conseil d'état ; on lui enlevait du même coup deux positions qui étaient toute sa fortune, sa seule ressource. A 53 ans, après quinze années de bons services, il se trouvait réduit à réaliser, pour vivre, quelques économies, derniers débris de ses traitements.

Un réglement d'affaires d'intérêt l'appelait en Allemagne et en Pologne. Il partit de Paris, au mois d'octobre 1814, avec un passeport pour la Saxe : « J'ai quitté la France, dit quelque part M. d'Ide- » ville, parce qu'on ne voulait pas m'y employer, et » que, d'un autre côté, je ne voulais pas y jouer le » rôle d'un mécontent et m'associer à des intrigues » qui n'étaient pas dans mon caractère. » Il se rendit d'abord dans les environs de Leipsick, puis à Prague, enfin à Vienne, avec l'autorisation du

prince de Metternich qui le connaissait person-
nellement. Ce voyage, dont les journaux allemands
se sont occupés, fut diversement interprété. Le[s]
uns prétendaient que le voyageur était chargé d'une
mission secrète du roi de France; d'autres par-
laient tout bas de l'empereur.... du roi de Rome.
On verra plus tard combien cette double interpré-
tation était dénuée de fondement.

Un titre de créance appelait M. d'Ideville en
Pologne. Il pensa que les convenances lui faisaient
un devoir de demander, pour ce voyage, l'assenti-
ment de l'empereur de Russie. Alexandre lui fit
répondre par le général Czernicheff, son aide-de-
camp, « *que ce n'était pas le moment.* » M. d'Ideville
se rendit alors à Ratisbonne. Il y vivait dans une
retraite profonde avec son ami M. le comte de
Senfft-Pilsach, ancien ambassadeur de Saxe à Paris,
et depuis ministre des affaires étrangères à Dresde,
quand arriva en Allemagne la nouvelle du débar-
quement de l'empereur. Dans la nuit du 26 au 27
mars 1815, la maison où il logeait fut investie par
la force armée, et il fut arrêté dans sa chambre
par deux agents de police et huit soldats, sous pré-
texte : « *qu'il avait des correspondances et relations
contraires à l'intérêt d'état des hautes puissances alliées.* »
Tous ses papiers furent saisis et sa correspondance
interceptée. Conduit à l'hôtel-de-ville, il fut mis au

secret et gardé à vue nuit et jour. On agissait ainsi, lui disait-on, « en vertu d'ordres supérieurs venus de Vienne. » Il a su depuis qu'un acte délibéré en congrès avait ordonné son arrestation. Le prisonnier écrivit au roi de Bavière pour protester contre cet acte arbitraire qu'il regardait comme une violation manifeste du droit des gens, et se plaignit d'être traité comme un criminel d'état.

Enfin, après l'examen de ses papiers et un interrogatoire que lui fit subir dans sa prison un conseiller du roi, M. d'Ideville fut mis en liberté sur la parole qu'il donna de ne pas s'éloigner de la ville. Le 18 avril, on lui remit ses passeports avec ordre de retourner sans délai en France par la route qui lui serait tracée, c'est-à-dire par Augsbourg, Lindau, Constance et Bâle, en évitant les routes militaires encombrées par les troupes qui se rendaient à marches forcées sur le Rhin.

Il arriva à Paris le 30 avril, au soir. Le lendemain il était appelé au palais de l'Élysée. Napoléon le reçut à huit heures du matin dans sa chambre à coucher. Cette entrevue, la dernière qu'il ait eue avec l'empereur, a dû laisser dans l'esprit et dans le cœur de M. d'Ideville un de ces souvenirs profonds qui marquent dans la vie d'un homme.

Deux mois après, Napoléon, vaincu à Waterloo quittait pour la seconde fois ce trône qui allait lui échapper, cette France qu'il ne devait plus revoir !

Les troupes alliées occupaient le pays. M. d'Ideville, revenant de Plombières, fut arrêté à Châlons-sur-Marne, le 26 juillet, par les Cosaques de M. le baron de Rosen, directeur général de la haute police des armées russes. C'est alors qu'il eut connaissance de l'ordonnance du 24 juillet où son nom était le dernier de la liste dite des trente-huit. Le premier inscrit était celui du maréchal Soult, duc de Dalmatie. Cette arrestation inique, et qui n'était que l'abus de la force brutale, fut maintenue malgré les réclamations de la victime, réclamations adressées d'abord aux ministres de Louis XVIII et puis à l'empereur Alexandre. M. d'Ideville fut traîné dans une charrette à la suite du grand quartier général russe, qui était transféré de Châlons à Melun, et toujours accompagné d'un officier de police qui ne le perdait pas de vue. Au moment de l'évacuation, on se préparait à l'emmener en Russie lorsqu'il tomba assez sérieusement malade pour laisser quelque hésitation aux deux agents envoyés exprès à Melun pour l'enlever. Cependant, après délibération, le zèle aveugle l'emporta sur l'humanité. Le prisonnier fut averti à onze heures du soir, le 10 septembre, qu'il devait être prêt pour partir le lendemain à quatre heures du matin. Son parti fut bientôt pris : secondé par un domestique intel-

ligent et dévoué qu'il avait pu garder près de lui,
il fit de promptes dispositions et s'échappa à mi-
nuit au moyen d'une escalade périlleuse. Ainsi
retrouva-t-il la liberté après avoir vainement pro-
testé contre l'injustice d'une détention qu'il subis-
sait depuis un mois et demi. Le lendemain le
maréchal Barclay de Tolly, général en chef russe,
recevait au lieu du prisonnier qu'il attendait, la
lettre dont nous avons extrait ce passage :

« Monsieur le maréchal,

« Lorsque cette lettre vous parviendra, je me
» serai soustrait à la détention illégale et arbitraire
» contre laquelle je réclame vainement depuis
» quarante-cinq jours.

» Je ne suis pas né sujet, et je n'ai pas l'honneur
» d'être serviteur de l'empereur de Russie ; je ne
» désobéis à aucun devoir, en cherchant à reprendre
» comme sujet du roi de France une attitude qui
» me place franchement sous la surveillance des
» autorités françaises.... Il n'y a que les lois et les
» tribunaux de mon pays qui puissent me réha-
» biliter ou me condamner.

» Je dois, toutefois, déclarer à Votre Excellence,
» que je ne me serais pas déterminé au parti que je
» prends si, depuis mon arrestation, j'eusse été
» traité avec quelques égards, et si l'on m'eût de-

» mandé ma parole au lieu de me faire garder à
» **vue** ; surtout si l'on ne m'eût pas menacé de
» *m'arracher par force de mon lit,* lorsque j'ai repré-
» senté que l'état de maladie qui m'y retenait
» m'empêcherait de partir aussi promptement
» qu'on l'exigeait. »

M. Le Lorgne d'Ideville, rendu à la justice de son pays, dut subir les effets de l'ordonnance du 24 juillet. Il fut envoyé à cent lieues de Paris pour y attendre un jugement qui ne vint jamais. Les trente-huit furent proscrits collectivement par nouvelle ordonnance du mois de janvier 1816. Il fallut quitter la France. M. d'Ideville passa dans les Pays-Bas les cinq années que dura son exil. Rentré dans sa patrie en 1821, il ne prit aucune part aux affaires publiques, et attendit dans la retraite le jour que tous les esprits sages prévoyaient depuis longtemps.

La révolution de 1830 ramena M. Le Lorgne d'Ideville au conseil d'état en sa qualité de maître des requêtes. En 1831, l'opinion patriotique de l'arrondissement qu'il habitait dans le département de l'Allier le mit spontanément sur les rangs pour la députation. Des menées qui révélèrent un peu plus l'esprit étroit d'une coterie que le véritable patriotisme de la part de quelques citoyens influents de la localité, qui s'étaient arrogé la dispo-

sition des suffrages électoraux, firent échouer son
élection. M. Bureaux de Pusy, patronné par M. de
Tracy, fut nommé au ballotage à une majorité de
cinq voix , et, chose étrange ! ce furent les légiti-
mistes qui décidèrent son élection ! Aux élections
suivantes, en 1857, le bon sens des électeurs de
Lapalisse fit justice de toutes les cabales, et M. d'I-
deville fut envoyé à la chambre.

Il y entra comme conservateur. Il voulait, non
pas le maintien de tel ou tel ministère, mais le
maintien de l'ordre, le maintien des principes de
1850 et de la dynastie que le vœu de la nation avait
porté sur le trône. Quand vint la coalition, il laissa
les hommes de tous les partis, de toutes les nuances
se réunir pour un moment autour d'un drapeau
que plusieurs d'entre eux devaient bientôt abandon-
ner. Il gémit de voir M. Guizot s'asseoir à côté de
M. Odilon Barrot, M. Berryer à côté de M. Thiers,
et, fidèle à ses principes, ne voulant pas appuyer
de son vote cette *échauffourée* parlementaire dont
l'exemple lui semblait si dangereux pour l'avenir
du gouvernement représentatif, il resta sur son
banc et défendit jusqu'au dernier jour le ministère
Molé.

Il ne nous appartient pas de juger la coalition
que M. Barrot appelait une sainte cause, et que
M. de Lamartine flétrissait de son éloquence ! Tou-

tefois, aux yeux de l'homme sérieux qui compare avec impartialité le point de départ d'une question et ses résultats, il est aujourd'hui certain que la coalition a brisé cette grande majorité parlementaire formée par Casimir Périer. Prise à ce point de vue, la coalition est une faute grave qui aura peut-être de tristes conséquences dans l'avenir. La chambre offrait alors un spectacle fort étrange ; et M. Royard-Collard avait raison de dire en parlant de cette fameuse coalition : *J'ai vu beaucoup de choses dans ma vie ; j'ai vu mieux, j'ai vu pis, mais je n'ai jamais rien vu de pareil.* Nul ne se reconnaissait dans cette mêlée. Les chefs de parti avaient mis bravement *leur drapeau dans leur poche ;* ils montaient à la tribune l'un après l'autre, et tous disaient, en termes magnifiques, que la France était abaissée , que la pondération des pouvoirs avait été rompue par les empiétements de la royauté, que les ministres étaient des courtisans, et autres belles choses que les journaux de partis répétaient en chœur avec toutes sortes d'ingénieux embellissements. Ecrasé par le nombre et l'éloquence furibonde de ses ennemis, le ministère prit le parti de dissoudre la chambre et de faire un appel aux électeurs, à la France.

On sait que ces élections amenèrent la chute dn 15 avril. Plusieurs de ses plus fidèles et plus

consciencieux défenseurs tombèrent avec lui. M.
d'Ideville fut du nombre. Les meneurs de l'endroit
le peignirent aux yeux des trop crédules électeurs
comme un ambitieux qui faisait de la députation
le marchepied de sa fortune. En vain ses amis ré-
pondaient-ils qu'il n'avait jamais rien demandé,
rien obtenu pour lui ; que la révolution de juillet
lui avait rendu sa place au conseil d'état, *sans avan-
cement*; et que la croix qu'il portait, il l'avait reçue
de la main même de l'empereur. Les électeurs de
Lapalisse, trompés par les déclamations de la presse,
retirèrent à leur député le mandat qu'il avait rem-
pli avec tant de zèle, de dévoûment et de vrai patriotisme. Cette faute, ils l'ont réparée aux élections
de juillet dernier, en renvoyant M. d'Ideville à la
chambre où il a repris sa place au sein de cette majorité gouvernementale qu'il a si noblement, si loya-
lement soutenue : déclarant, toutefois , qù'il n'ap-
partiendrait jamais *à tel* ou *tel nom propre*, et que la
question de personnes serait toujours la dernière à
ses yeux. Voici quelques phrases d'une circulaire
adressée par lui aux électeurs :

« Mon vote approbateur est acquis à toutes les
» questions où il s'agira de l'honneur du pays. Ma
» jeunesse s'est écoulée près de l'empereur Napo-
» léon , et le premier sentiment que ce grand

2

» homme inspirait, était l'amour de la patrie,
» l'orgueil du nom français. J'exprime ici comme
» un regret de mon âme que les chances électorales
» de 1859 ne m'aient pas permis de voter avec mes
» anciens collègues dans une question récente qui
» intéressait la dignité et l'indépendance du pavil-
» lon national. Je serai à la chambre l'homme du
» pays, le défenseur indépendant et énergique de nos
» institutions, de nos libertés ; jamais le complai-
» sant d'un ministère, ni le serviteur d'aucun parti.
» Je voudrai toujours rester digne de vous : député
» loyal, patriote dévoué en action et sans phrases. »

Nous citerons encore une page extraite d'une
lettre écrite au moment de la coalition aux électeurs de Lapalisse (brochure in-8°, 26 pages), et
où M. d'Ideville s'est peint lui-même en quelques
lignes beaucoup mieux que nous n'avons pu le faire
dans cette trop longue notice :

« La majorité ne se vante pas de renfermer dans
» son sein de ces orateurs transcendants dont la
» parole procure à la coalition un succès de vanité ;
» mais elle ne manque pas d'hommes d'un sens
» droit, d'une conscience ferme, rompus à la pra-
» tique des affaires ; et elle a la prétention de pos-
» séder à un aussi haut degré que l'opposition
» l'instinct national et le sentiment de ce qui est

» grand, utile et honorable pour le pays. Certes,
» elle n'est pas, comme l'opposition, jalouse des
» ovations de tribune et des cajoleries de la presse ;
» il lui suffit d'apprécier les hommes et les choses
» à leur juste valeur avec ce sens commun qui est
» la raison même du pays. Et, en vérité, le génie
» ou ce qui passe pour tel, nous donne si souvent
» le spectacle de ses aberrations, de ses palinodies
» et de ses chutes, que le bon sens, qui va son droit
» chemin, a bien son prix. »

Oui M. d'Ideville laisse à d'autres le triomphe
de la parole, dont peut-être il ne fait pas assez de
cas, et c'est un reproche qu'il mérite. Il n'ambi-
tionne pas même ces demi-succès de tribune aux-
quels il pourrait prétendre sans témérité, surtout
s'il se comparait à tant d'autres. Mais il n'en est
pas moins un excellent député, homme de sens
droit et de travail, apportant dans les discussions et
surtout dans les causeries parlementaires cette ma-
turité de jugement, ce coup d''œil que donne l'ex-
périence des grandes affaires où il a été employé et
des hommes éminents avec lesquels il a été en
rapport ; et l'on sait qu'il arrive plus d'une fois que
ces conversations de la salle des conférences et des
bureaux préparent le vote à l'avance et ont souvent
plus d'influence sur l'ensemble de la chambre que

les plus beaux et les plus longs discours où se
trouvent, hélas! pour quelques orateurs, plus d'a-
mour propre et d'ambition que de véritable patriotisme, et pour quelques autres, plus de *métier*
que de véritable talent. Certes, il y a des exceptions,
mais malheureusement elles sont rares.

F. D.